BEI GRIN MACHT SICH IHR WISSEN BEZAHLT

Durchführung des Mergers zweier Unternehmen. Unter Berücksichtigung der rechtlichen, organisatorischen und personellen Rahmenbedingungen

Bibliografische Information der Deutschen Nationalbibliothek:

Die Deutsche Nationalbibliothek verzeichnet diese Publikation in der Deutschen Nationalbibliografie; detaillierte bibliografische Daten sind im Internet über http://dnb.d-nb.de abrufbar.

ISBN: 9783346753786
Dieses Buch ist auch als E-Book erhältlich.

Druck und Bindung: Books on Demand GmbH, Norderstedt Germany
Gedruckt auf säurefreiem Papier aus verantwortungsvollen Quellen

Das vorliegende Werk wurde sorgfältig erarbeitet. Dennoch übernehmen Autoren und Verlag für die Richtigkeit von Angaben, Hinweisen, Links und Ratschlägen sowie eventuelle Druckfehler keine Haftung.

Das Buch bei GRIN: https://www.grin.com/document/1290082

Projektbericht

Durchführung des Mergers zweier Unternehmen unter Berücksichtigung der rechtlichen, organisatorischen und personellen Rahmenbedingungen

Kurs:	MWPT02 – Projektmanagement mit dem PMBOK Guide
Studiengang:	Wirtschaftsinformatik (M.Sc.)
Abgabedatum:	21.11.2021

Inhaltsverzeichnis

Abbildungsverzeichnis

Tabellenverzeichnis

Abkürzungsverzeichnis

EEF   Enterprise Environmental Factor

IMO   Integration Management Office

M&A   Mergers & Acquisitions

PMI   Post-Merger-Integration

1. Einleitung

1.1. Problemstellung

Das internationale Unternehmen ABC ist ein weltweit agierender Entwickler von Softwarelösungen für die Kommunikation zwischen Banken und Versicherungen. Mit Hauptsitz in Köln und einem Jahresumsatz von 1,2 Milliarden Euro beschäftigt das Unternehmen 3.500 Mitarbeitende. Um den ständig wandelnden State of the Art der Softwareentwicklung gerecht zu werden, müssen Wege eingeschlagen werden, wodurch das unternehmerische Fachwissen wettbewerbsfähig gehalten werden kann. Das Langzeitziel des Unternehmens ist es, eine schützbare Marktposition zu erreichen. Aus diesen Gründen plante ABC, den schweizerischen Konkurrenten XYZ aufzukaufen. Das Unternehmen XYZ beschäftigt 180 Mitarbeitende und verzeichnete einen Jahresumsatz von 30 Millionen Euro. Die Due-Diligence-Prüfung wurde bereits mit einem positiven Ergebnis durchgeführt.

1.2. Zielsetzung

Von der Geschäftsführung wurde die Durchführung des Mergers der beiden Unternehmen ABC und XYZ als wesentliches Ziel festgelegt. Hierzu gehörten der rechtliche Erwerb von XYZ, die Kommunikation gegenüber allen Stakeholdern und die sowohl technische als auch logische Integration von XYZ in den Firmenverband. Auch die Identifikation und Umsetzung aller sich aus der neuen Situation ergebenden Personaländerungen waren zu berücksichtigen.

1.3. Vorgehensweise

Das Project Management Institut hat ein Handbuch mit dem Titel „A Guide to the Project Management Body of Knowledge (PMBOK® Guide)" veröffentlicht. Der PMBOK® Guide beschreibt die Rolle und Aufgaben des Projektmanagements sowie den Aufbau und die Vorgehensweise zum erfolgreichen und langfristigen Management von Projekten und stellt die Grundlage dieses Projektberichts dar.[1] Jener beruht auf einem prozessorientierten Ansatz und umfasst 49 Prozesse, welche in fünf Prozessgruppen und zehn Wissensgebiete gegliedert sind. Jeder Prozess generiert mithilfe von Werkzeugen und Methoden aus Eingangswerten einen oder mehrere Ausgangswerte. Für die Durchführung des Mergers wurde die Planungsprozessgruppe betrachtet. Dabei wurden drei Prozesse der Wissensgebiete Inhalts- und Umfangs-, Ressourcen- und Kommunikationsmanagement in Projekten angewandt.[2] Für den jeweiligen Prozess wurden zunächst die Eingangswerte aufgelistet und relevante für das Projekt beschrieben. Im nächsten Schritt wurden die Werkzeuge und Methoden des Prozesses dargestellt und die zur Zielerreichung geeigneten angewandt. Zuletzt wurden die Ausgangswerte betrachtet und jeweils ein Ausgangswert ausgearbeitet. Zum Abschluss wurde das Ergebnis des Projektes beschrieben und reflektiert.

---

[1] Vgl. Project Management Institute (2017, S. 1-2).
[2] Vgl. Project Management Institute (2017, S. 22-25).

2. Hauptteil

2.1. Inhalt und Umfang definieren

Das Wissensgebiet Inhalts- und Umfangsmanagement umfasst die Sicherstellung der erforderlichen Prozesse und erfolgt unter Berücksichtigung aller Projektarbeiten. Unter dem Projektinhalt und -umfang wird jene auszuführende Arbeit verstanden, die für die Lieferung eines Ergebnisses mit spezifizierten Merkmalen notwendig ist. Das Wissensgebiet umfasst sechs Prozesse.[3] Im Rahmen des Projektes wurde der Prozess „Inhalt und Umfang definieren" durchgeführt, um eine detaillierte Beschreibung des Projektes bereitzustellen. Hiermit konnten die Grenzen des rechtlichen Erwerbs, der logischen und technischen Integration des Unternehmens XYZ beschrieben werden.[4]

2.1.1. Eingangswerte

Auf den Prozess der Definition des Inhalts und Umfangs wirken fünf Faktoren ein. Hierzu gehören der Projektauftrag, der Projektmanagementplan, besonders der Inhalts- und Umfangsmanagement-plan sowie die Projektdokumente Annahmen-Protokoll, Dokumentation der Anforderungen und das Risikoregister. Einfluss auf den Prozess nehmen ebenfalls die Faktoren der Unternehmensumwelt Organisationskultur, Infrastruktur, Personalverwaltung und Marktbedingungen sowie das Prozess-vermögen der Organisation mit Richtlinien und Verfahren für eine Beschreibung des Inhalts und Umfangs sowie Projektdateien und gesammelte Erfahrungen aus früheren Projekten.[5]

Der Projektauftrag sowie die Projektdokumente lagen bereits vor und wurden daher als Eingangs-werte nicht näher betrachtet. Auch der relevante Teil des Projektmanagementplans und das Prozessvermögen des Unternehmens ABC lagen bereits vor. Zu dem Prozessvermögen ist anzu-merken, dass das Unternehmen ABC bereits in den vergangenen Jahren ein anderes Unternehmen gekauft hatte und somit Fachwissen im Unternehmen besteht. Als Eingangswerte wurden die bedeutenden Faktoren der Unternehmensumwelt beleuchtet.

Enterprise Environmental Factors, kurz EEFs, werden als Input für die meisten Planungsprozesse angesehen. Durch EEFs können die Optionen des Projektmanagements erweitert oder einge-schränkt werden, was zu einem positiven oder negativen Einfluss auf den Projekterfolg führen kann.[6] Aufgrund dessen wurde jene als Eingangswert für diesen Prozess näher betrachtet. Den Prozess der Planung des Inhalts- und Umfangsmanagements beeinflussen die EEFs Organisationskultur, Infrastruktur, Personalverwaltung und Marktbedingungen. Die Kultur des Unternehmens ABC ist dezentral organisiert, denn jene soll sowohl von dem Hauptsitz aus als auch von den weltweit ver-tretenen Standorten beeinflussbar sein. Das sorgt dafür, dass alle Beschäftigte die Kultur verstehen und leben können. Damit sich alle international arbeitenden Mitarbeitenden vereint fühlen, wird das

---

[3] Vgl. Project Management Institute (2017, S. 129-131).
[4] Vgl. Project Management Institute (2017, S. 150).
[5] Vgl. Project Management Institute (2017, S. 152).
[6] Vgl. Project Management Institute (2017, S. 38-39).

Unternehmen als eine Art Großfamilie gelebt.[7] Damit das Gefühl einer Großfamilie entstehen kann, ist das Arbeitsklima des Unternehmens von einer Duz-Kultur und einer jährlich stattfindenden Betriebsversammlung am Hauptsitz geprägt. Auch die Möglichkeit, im Homeoffice zu arbeiten, ist Teil der Unternehmenskultur. Aufgrund der unterschiedlichen Kulturhintergründe der Beschäftigten wird auf einen Dresscode verzichtet. Die Infrastruktur spielt eine wesentliche Rolle bei der Bestimmung des Erfolgs der Implementierung eines Umfangsmanagementplans für ein Projekt. Der Grund dafür ist, dass die vorhandenen Einrichtungen und die in der Organisation verwendete Ausrüstung einen hohen Standard aufweisen müssen, um die im Projektmanagementplan von den Stakeholdern definierten Erwartungen zu erfüllen. Die IT-Infrastruktur des Unternehmens ABC zeichnet sich durch ein funktionierendes Kommunikationsnetzwerk aus, welches auch die Arbeit im Homeoffice ermöglicht und eine hohe Datensicherheit bietet. Das Unternehmen ABC verfügt zudem über einen Personal- und Bindungsleitfaden, um qualifizierte Beschäftigte zu halten, die bereits Erfahrungen mit Projekten gesammelt haben. Die Marktbedingungen des Unternehmens stellen für das Projektmanagement wichtige Informationen dar, denn diese ermöglichen es ihm, die Konkurrenz auf dem Markt, die Marktwachstumsrate und auch die Intensität der Wettbewerbsfähigkeit auf dem aktuellen Markt zu kennen und zu berücksichtigen. In Deutschland ist ABC das marktführende Unternehmen für die Entwicklung von Softwarelösungen, die der Kommunikation zwischen Banken und Versicherungen dienen. Weltweit ist das Unternehmen bekannt, jedoch nicht in jedem vertretenen Land marktführend.

2.1.2. Werkzeuge und Methoden

Die Werkzeuge und Methoden, welche für den Prozess genutzt werden können, umfassen ein Fachurteil von Einzelpersonen oder Gruppen mit Spezialwissen über bereits durchgeführte ähnliche Projekte und Informationen in der Branche. Ebenfalls kann eine Datenanalyse in Form einer Alternativenanalyse oder eine Multi-Kriterien-Entscheidungsanalyse angewandt werden. Für die Definition des Inhalts und Umfangs kann auch die soziale Kompetenz und Teamfähigkeit des Projektmanagements betrachtet sowie eine Produktanalyse durchgeführt werden.[8]

Da die Grundlagen einer Fusion aufgrund eines bereits durchgeführten Zusammenschlusses im Unternehmen vorhanden sind, wurde als Werkzeug und Methode ein Fachurteil gewählt. Ein Fachurteil ist eine Beurteilung auf Basis von Fachwissen in einem Fachgebiet oder einer Branche, welches eine Gruppe oder eine Einzelperson besitzt.[9] Die Beurteilung wurde in einem Workshop mit dem Projektmanagement und dem ehemaligen Projektteam des vorangegangenen Mergers ermittelt, um relevante Informationen über den Projektinhalt und -umfang zu erhalten, welcher in Kapitel 2.1.3. beschrieben wurde.

---

[7] Vgl. Frank (2018, S. 3-4).
[8] Vgl. Project Management Institute (2017, S. 153).
[9] Vgl. Project Management Institute (2017, S. 79).

2.1.3. Ausgangswerte

Ziel des Prozesses ist die Beschreibung des Projektinhalts und -umfangs. Zu den weiteren Ausgangswerten gehört es, Projektdokumente wie das Annahmen-Protokoll, die Dokumentation der Anforderungen, die Anforderungs-Nachverfolgungs-Matrix und das Stakeholderregister zu aktualisieren.[10] Für die Planung des Erwerbs und der Integration wurde der Inhalt und Umfang beschrieben.

Der Begriff „Mergers & Acquisitions", abgekürzt M&A, bezeichnet die Fachdisziplin, welche sich mit dem Kauf von Unternehmen beschäftigt und definiert somit alle Vorgänge bei der Übertragung von Eigentumsrechten an Unternehmen.[11] Der Ablauf der M&A-Transaktion begann mit vorvertraglichen Regelungen. Hierunter verstehen sich die ersten geführten unverbindlichen Gespräche, eine Geheimhaltungsvereinbarung sowie eine abgegebene Absichtserklärung seitens des Kaufenden, in welcher das Interesse an einem Unternehmenskauf dokumentiert wurde. Nach den vorvertraglichen Regelungen wurde das Unternehmen XYZ durch ABC in Bezug auf rechtliche und wirtschaftliche Rahmenbedingungen intensiv untersucht. Eine solche Untersuchung wird als „Due-Diligence" bezeichnet. Das Ziel der Prüfung bestand darin, Risiken des möglichen Unternehmenskaufs zu prüfen.[12] Diese Prüfung war bereits erfolgt und die Ergebnisse der Prüfung lagen vor. Das Ergebnis einer Due-Diligence-Prüfung dient der Ausgestaltung von Garantien oder Zusicherungen des Veräußernden und fließt deshalb in den Kaufvertrag ein.[13] Für die Vertragsverhandlungen, welche bereits parallel zu einer Due Diligence-Prüfung begonnen werden sollte und deshalb auch parallel begann, musste das Projektmanagement die Teilnehmenden über die Transaktion und Erkenntnisse aus der Due-Diligence informieren.[14] Ein Zeitplan wurde bereits zu Beginn der Verhandlungen geplant und kommuniziert, um die Verhandlungen zu straffen. Jener wurde in Form eines Zeitstrahls visualisiert, sodass er von allen Beteiligten verstanden werden konnte. Zu viele Zeitpuffer sollten vermieden werden, da ansonsten die Effizienz der Fusion reduziert wurde. Der Zeitplan berücksichtigte auch notwendige Zustimmungen von Gremien oder Notartermine sowie operative Fragen wie Abwesenheiten von Entscheidungsträgern aufgrund von Urlaub oder Krankheit.[15] Der Kaufvertrag beinhaltete unter anderem die Präambel, den Kaufgegenstand, Kaufpreis, die Verpflichtungen bis zum Vollzug, Garantien, Haftung und Freistellungen sowie Steuern.[16] Neben diesen grundlegenden Aspekten eines Kaufvertrags beinhaltete der Vertrag auch Regelungen, welche vorvertraglich zwischen beiden Parteien bereits festgelegt worden waren. Aus unternehmensrechtlicher Sicht waren neben dem Kaufvertrag auch die Sorgfaltspflichten und Gleichbehandlungsgrundsatz gemäß § 53a AktG der Aktionäre, die Überwachungspflicht des Aufsichtsrates gemäß § 111 Abs. 1 AktG und die Zuständigkeit der Hauptversammlung gemäß § 119 AktG zu berücksichtigen.[17] Die positiv

---

[10] Vgl. Project Management Institute (2017, S. 154-155).
[11] Vgl. Deekeling und Arndt (2021, S. 560); Gleißner et al. (2018, S. 14-15).
[12] Vgl. Engelhardt (2017, S. 11-12).
[13] Vgl. Gleißner et al. (2018, S. 14-15).
[14] Vgl. Engelhardt (2017, S. 26-27).
[15] Vgl. Meyding und Meckbach (2019, S. 102-103).
[16] Vgl. Engelhardt (2017, S. 29).
[17] Vgl. Redenius-Hövermann (2019, S. 370-371).

verlaufenen Verhandlungen für den Kaufenden endeten mit einem Vertragsschluss, welcher als „Signing" bezeichnet wird. Auf das Signing folgte das „Closing". In dieser Phase wurden die vertraglich festgelegten Bedingungen auf Vorhandensein geprüft, der festgelegte Kaufpreis für das Unternehmen bezahlt und das Unternehmen rechtlich dem Kaufenden übertragen. In einer „Post Merger Integration" (PMI) wurde das erworbene Unternehmen in das bestehende integriert, wozu regelmäßig Unternehmensstrukturen überprüft wurden. Auch Garantien und Zusicherungen des Veräußernden, welche im Kaufvertrag vereinbart wurden, wurden in dieser Phase überprüft und wenn notwendig davon Gebrauch gemacht.[18]

Während des gesamten Projektes mussten definierte Meilensteine zur Überprüfung der Einhaltung der gesetzten Projektziele auf deren Erfüllung kontrolliert werden. Bei solch einer internationalen M&A-Transaktionen mussten zudem bestehende Unterschiede der Kultur und Herangehensweise an ein solches Projekt zwischen den Verhandlungspartnern berücksichtigt werden.[19] Bei der Integration neuer Unternehmensteile findet in der Aufbauorganisation des Unternehmens eine disruptive Veränderung statt. Da unterschiedliche Organisationsstrukturen zwischen den beiden Unternehmen bestanden, mussten diese sorgfältig zusammengeführt werden, um trotz temporärer Reibungsverluste Wert zu schaffen. Die Gestaltung der Veränderung und deren Kommunikation erhielten während des Projektes deshalb eine besondere Rolle. Das 3-Phasen-Modell von Lewin besagt, dass für umfangreiche Veränderungen wie einem Unternehmenskauf die Organisation zunächst aktiviert werden muss („Unfreezing"), bevor Veränderungen durchgeführt werden können („Moving"). Nach erfolgter Integration des erworbenen Unternehmens muss die Organisation wieder zu einer Umgebung kommen, in welcher eine Konzentration auf die Tätigkeiten wieder möglich ist („Freezing").[20] Daraus ließ sich schließen, dass die Ausgestaltung der Kommunikation der Veränderung ebenfalls zum Projektumfang gehörte.

Abbildung 1 veranschaulicht den Projektinhalt und Projektumfang für die Durchführung eines Mergers der Unternehmen ABC und XYZ.

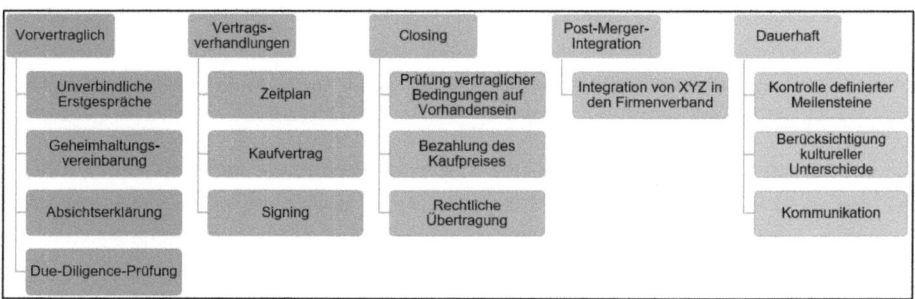

Abbildung 1: Projektinhalt und Projektumfang. Quelle: Eigene Darstellung.

---

[18] Vgl. Gleißner et al. (2018, S. 14-15).
[19] Vgl. Engelhardt (2017, S. 26-28).
[20] Vgl. Michalke (2021, S. 147-148).

2.2.   Ressourcenmanagement planen

Unter dem Wissensgebiet Ressourcenmanagement in Projekten werden Prozesse verstanden, die der Identifikation, Beschaffung und dem Managen der benötigten Ressourcen für einen erfolgreichen Projektabschluss dienen. Damit wird sichergestellt, dass die richtigen Ressourcen zur rechten Zeit am rechten Ort sowohl vom Projektmanagement als auch dem Projektteam zur Verfügung gestellt werden können. Das Ressourcenmanagement bezog sich in diesem Projekt auf das Projektteam, welches Personen mit jeweils zugewiesenen Rollen und Verantwortlichkeiten umfasst, die im Rahmen einer Zusammenarbeit gemeinsam die Projektziele erreichen. Das Wissensgebiet umfasst sechs Prozesse.[21] Ein Prozess beschäftigt sich mit der Planung des Ressourcenmanagements und wurde für die Identifikation und Umsetzung von Personaländerungen herangezogen. Bei diesem einmalig durchzuführenden Prozess wird die Schätzung, Beschaffung, das Managen und Nutzen der Ressourcen definiert.[22]

2.2.1.   Eingangswerte

Eingangswerte, die den Prozess der Planung des Ressourcenmanagements beeinflussen, sind der Projektauftrag, Projektmanagementplan, Projektdokumente, Faktoren der Unternehmensumwelt und das Prozessvermögen der Organisation. Die relevanten Teile des Projektmanagementplans sind der Qualitätsmanagement- sowie Inhalts- und Umfangsbasisplan. Unter den Projektdokumenten sind hierbei der Projektterminplan, die Dokumentation der Anforderungen, das Risiko- und Stakeholderregister zu beachten. Die Einflussfaktoren aus der Organisationsumwelt auf den Prozess sind die Organisationsstruktur und -kultur, die geografische Verteilung der Einrichtungen und Ressourcen, bestehende Kompetenzen und die Verfügbarkeit der von Ressourcen sowie Marktbedingungen. Das zu berücksichtigende Prozessvermögen beinhaltet die Politik und Verfahren in Bezug auf Humanressourcen und das Management physischer Ressourcen sowie Sicherheits- und Schutzrichtlinien und historische Informationen über ähnliche Projekte.[23]

Sowohl der Projektauftrag, der Qualitäts- sowie Inhalts- und Umfangsbasisplan, das Prozessvermögen des Unternehmens ABC und die Projektdokumente lagen bereits vor. Näher eingegangen wurde auf die unter Kapitel 2.1.1. noch nicht beschriebenen Eingangswerte, da jene die Rahmenbedingungen des Projektumfelds darstellen.

Das Unternehmen ABC ist in Deutschland, Frankreich, den Vereinigten Staaten von Amerika sowie in China vertreten. Aufgrund dessen ist die Organisation divisional strukturiert. Die einzelnen Landesgesellschaften verfügen unter der Direktion der sogenannten Bereichsleitung aufgrund der länderspezifischen Regelungen über separate Funktionsbereiche, welche die Entwicklung, das Marketing und den Vertrieb der Softwarelösungen umfassen und jeweils von einer Abteilungsleitung

---

[21] Vgl. Project Management Institute (2017, S. 307-309).
[22] Vgl. Project Management Institute (2017, S. 312-313).
[23] Vgl. Project Management Institute (2017, S. 314-315).

geführt werden. Auch befindet sich an jedem Standort eine umfangreiche IT-Landschaft, eine Rechts- und Finanzabteilung. Diese einzelnen Bereiche werden jeweils von einer Abteilungsleitung geführt. Lediglich die Geschäftsleitung und die Personalabteilung sind nur am Hauptsitz in Köln vertreten. Die Verfügbarkeit der Humanressourcen des gesamten Konzerns sind jährlich so geplant, dass jeder einzelne Beschäftigte 20 % im Jahr für Projekte zur Verfügung steht. Die Bereichsleitung der Landesgesellschaften sowie die Bereichsleitung der zentralen Personalabteilung stehen jeweils zu 30 % Projekten zur Verfügung. Das Unternehmen ABC verfügt daneben über einen größeren Anteil pro Jahr, welcher für eine externe Beratung bei Projekten genutzt werden kann. Bei dem Unternehmen XYZ befand sich eine klassische hierarchische Organisationsstruktur und alle 180 Mitarbeitenden waren am Hauptsitz in der Schweiz beschäftigt.

2.2.2. Werkzeuge und Methoden

Für die Planung des Ressourcenmanagements können neben einem Fachurteil in Bezug auf Talentmanagement, Personalentwicklung und dem Verhandeln der besten Ressourcen innerhalb einer Organisation auch Darstellungsmethoden wie Organigramme, eine Verantwortlichkeitsmatrix oder Textformate genutzt werden. Ein weiteres Werkzeug ist die Organisationstheorie, welche Informationen über das Verhalten von einzelnen Personen oder Teams bereitstellt. Auch das Abhalten von Meetings eignen sich für diesen Prozess.[24]

Für das Bilden eines Projektteams wurden zunächst die Organisationsstrukturen beider Unternehmen dargestellt, um die für das Projekt relevanten Positionen zu erkennen. Solch ein Organisationsstrukturplan wurde nach Abteilungen, Einheiten oder Teams gegliedert.[25] Der Aufbau des Unternehmens ABC wurde bereits in den Eingangswerten in Kapitel 2.2.1. beschrieben. Abbildung 2 veranschaulicht die Organisationsstruktur des Unternehmens ABC.

Abbildung 2: Organisationsstrukturplan des Unternehmens ABC. Quelle: Eigene Darstellung.

---

[24] Vgl. Project Management Institute (2017, S. 315-318).
[25] Vgl. Project Management Institute (2017, S. 316).

Da auch das Unternehmen XYZ am Projekt beteiligt war, wurde auch jene Organisationsstruktur betrachtet. Dabei handelte es sich, wie in den Eingangswerten in Kapitel 2.2.1. beschrieben, um eine klassische Organisationsstruktur, welche allesamt der Geschäftsleitung unterstellt sind. Jede Abteilung wird dabei von einer Abteilungsleitung geleitet und verfügt über Mitarbeitende. Abbildung 3 stellt den ehemaligen Organisationsstrukturplan des Unternehmens XYZ dar.

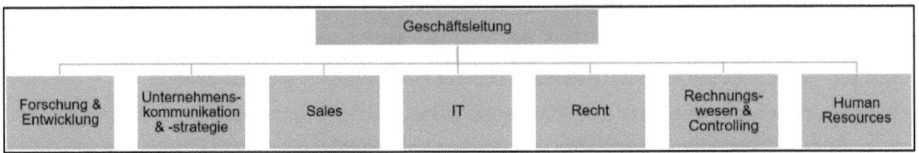

Abbildung 3: Organisationsstrukturplan des Unternehmens XYZ. Quelle: Eigene Darstellung.

2.2.3. Ausgangswerte

Die Planung des Ressourcenmanagements resultiert grundlegend in einem Leitfaden für das Managen der Projektressourcen. Ebenfalls werden am Ende des Prozesses ein Teamauftrag erteilt und sowohl das Annahmen-Protokoll als auch das Risikoregister als Teile der Projektdokumente müssen aktualisiert werden.[26]

Als Teil des Ressourcenmanagementplans wurde ein Teammanagementplan erstellt. Dieser beschreibt, wie Teamressourcen identifiziert und beschafft werden können. Zudem werden die Aufgaben und Verantwortlichkeiten der beteiligten Personen dargestellt. Ein Projektdiagramm als grafische Darstellung des Projektteammitglieder dient der Veranschaulichung des Projektteams.[27]

Für die Vertragsverhandlungen setzte sich das Team vom Unternehmen ABC aus dem Projektmanagement, den Leitenden der in Deutschland ansässigen Abteilungen Recht und Finanzen sowie vom Unternehmen XYZ aus den Leitenden der Abteilungen Recht und Rechnungswesen und Controlling. Zu einzelnen Punkten des Kaufvertrags wurden Experten zu den Bereichen Steuern, Kartellrecht und Vertragsrecht aus den Rechtsabteilungen hinzugezogen.[28] Das für die Integration zuständige Team war um einiges größer, da zahlreiche operative Experten aus den beteiligten Unternehmen hinzukamen. Hierzu wurden neben einem Lenkungsausschuss ein Integration Management Office (IMO) und für jeweilige Aufgabenbereiche einzelne Teams aufgebaut. Der Lenkungsausschuss bildete sich aus einem kleinen Personenkreis der Führungsebene und das Projektmanagement war diesem Gremium unterstellt. In jenem fanden sich neben dem Projektmanagement, die Geschäftsleitung sowie alle Leitenden der deutschsprachigen Abteilungen von ABC und alle Abteilungsleitungen von XYZ.[29] Die Einbeziehung von Verantwortlichen der IT war hierbei besonders wichtig, da die Geschäftsabläufe von der IT abhängig sind und eine

---

[26] Vgl. Project Management Institute (2017, S. 318-320).
[27] Vgl. Project Management Institute (2017, S. 318-319).
[28] Vgl. Lucks (2003, S. 25-26).
[29] Vgl. PRITCHETT (o. J.).

Restrukturierung der oftmals IT zeit- und kostenintensiv ist.[30] Durch die Vertretung beider Unternehmen wurde sichergestellt, dass wichtige finanzielle, betriebliche oder kulturelle Aspekte während des Integrationsprozesses nicht übersehen werden konnten. Die leitenden Angestellten im Lenkungsausschuss waren die Einzigen, die über den nötigen Einfluss verfügten, um Widerstand von Einzelpersonen zu überwinden.[31] Der Lenkungsausschuss war auch für die Überwachung des Vorhabens verantwortlich. Der Ausschuss tagte alle vier Wochen und entschied dabei endgültig über offene Themen.[32] Das IMO hatte zum Ziel, die Führung während der Integration zu übernehmen und Entscheidungen zu treffen, um die Integration zügig voranzubringen. Eine optimale Besetzung eines IMO besteht aus drei bis fünf Personen, welche in Vollzeit für das Projekt zur Verfügung stehen. Hierzu wurden jeweils ein Mitarbeitender aus der IT und Rechtsabteilung beider Unternehmen berufen. Jene Mitarbeitende waren in den Unternehmen bekannte Größen, wodurch sich die Akzeptanz bei den Mitarbeitenden erhöhte, um die Integrationspläne effektiv umzusetzen. In der Integrationsphase wurden zudem sogenannte Task-Force-Teams benötigt. Diese Teams wurden ressourcenorientiert aufgebaut und gliederten sich in Finanzen, Personal und IT. Die jeweiligen Teammitglieder setzten sich aus mit den Aufgaben vertrauten Mitarbeitenden aus beiden Unternehmen zusammen, sodass ein bereits erster Kontakt zwischen den baldigen Kollegen stattfinden konnte. Je Team wurde eine Teamleitung ernannt, welche übergeordnete Aufgaben erhielt. Die Teams erhielten Arbeitsaufträge vom IMO und erstatteten diesem Bericht. Das IMO war wiederum verpflichtet, dem Lenkungsausschuss Auskunft zu geben.[33] Abbildung 4 stellt die Beteiligten und Verantwortlichen des Projektes dar.

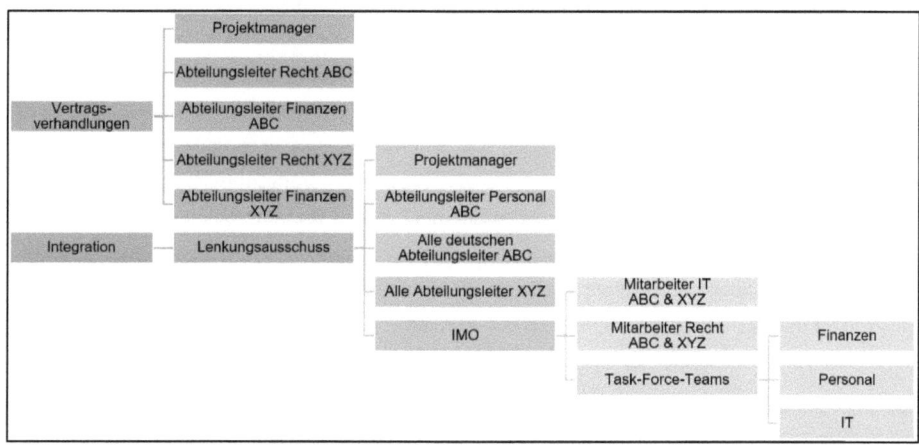

Abbildung 4: Projektteam. Quelle: Eigene Darstellung.

---

[30] Vgl. Stephan Jansen (2019, S. 30).
[31] Vgl. PRITCHETT (o. J.).
[32] Vgl. Lucks (2003, S. 27-28).
[33] Vgl. PRITCHETT (o. J.).

2.3.   Kommunikationsmanagement planen

Kommunikation stellt einen wichtigen Gewichtungsfaktor für den Projekterfolg dar und beinhaltet den wissentlichen und unwissentlichen Informationsaustausch. Hierdurch werden Beziehungen aufgebaut, die für Ergebnisse des Projektes notwendig sind. Kommunikationsmanagement in Projekten ist ein weiteres Wissensgebiet des Projektmanagements. Es umfasst Prozesse zur Sicherstellung der Informationsbedürfnisse des Projektes und der betroffenen Stakeholder. Das Ziel des Wissensgebiets ist daher die Konzeption eines effektiven Austauschs von Informationen für eine ebenso effektive Kommunikation und dem Beseitigen von unterschiedlichen kulturellen oder organisatorischen Hintergründen zwischen den einzelnen Stakeholdern.[34]

Für die Planung der Kommunikation gegenüber allen Stakeholdern wurde der Prozess der Planungsprozessgruppe „Kommunikationsmanagement planen" herangezogen. Dabei wird ein Plan aller Projektkommunikationsmaßnahmen entwickelt. Basis hierfür sind die Informationsbedürfnisse der Stakeholder, aber auch die zur Verfügung stehenden Mittel im Unternehmen und Projektanforderungen. Ziel des regelmäßig durchzuführenden Prozesses während der Projektlaufzeit ist die Erstellung einer Dokumentation, zu welchem Zeitpunkt welche Stakeholder bestimmte Informationen erhalten, um die Beteiligung der Interessensgruppen so effektiv und effizient wie möglich zu gestalten.[35]

2.3.1. Eingangswerte

Die Eingangswerte des Prozesses sind der Projektauftrag, der Projektmanagementplan, besonders die Teilpläne des Ressourcenmanagements und Stakeholderengagements sowie die Projektdokumente Stakeholderregister und Dokumentation der Anforderungen. Zu den einflussnehmenden Faktoren der Unternehmensumgebung gehören die Organisationskultur, Vorschriften zur Personalverwaltung, Risikoschwellen der Stakeholder, etablierte Kommunikationskanäle, Kommunikationswerkzeuge und Kommunikationssysteme sowie die geografische Verteilung der Einrichtungen und Ressourcen. Einflüsse des Prozessvermögens auf den Prozess sind Richtlinien und Verfahren der Organisation zu sozialen Medien, ethischem Verhalten, Sicherheit sowie zu Problem-, Risiko-, Änderungs- und Datenmanagement. Auch die Kommunikationsanforderungen der Organisation, Leitlinien für den Austausch, das Speichern und Abrufen von Informationen sowie Stakeholder- und Kommunikationsdaten zählen zu dem beeinflussenden Prozessvermögen.[36]

Das Stakeholderregister lag bereits vor. Das Register listete externe und interne Interessensgruppen des Projektes auf. Interne Stakeholder waren die Geschäftsleitung, die Bereichsleitungen der Landesgesellschaften und alle Abteilungsleitungen. Auch Mitarbeitende zählten zu den internen Stakeholdern. Zu den externen Stakeholdern gehörten Medien, Auftraggebende, die Konkurrenz

---

[34] Vgl. Project Management Institute (2017, S. 359-362).
[35] Vgl. Project Management Institute (2017, S. 366-367).
[36] Vgl. Project Management Institute (2017, S. 368-369).

sowie Behörden. Das Unternehmen ABC nutzt zahlreiche Kommunikationskanäle. Etablierte Kanäle sind neben der Unternehmenswebseite auch Messeauftritte, der Auftritt in sozialen Medien, E-Mail-Kampagnen sowie die jährlich stattfindende Betriebsversammlung.

2.3.2. Werkzeuge und Methoden

Die Werkzeuge und Methoden für die Planung des Kommunikationsmanagements sind umfangreich. Neben dem Fachurteil in Bezug auf Machtstrukturen, Kommunikationstechnologien, Vorschriften zur Sicherheit und Kultur in der Organisation, können auch die Kommunikationsanforderungen analysiert werden. Betrachtet werden können innerhalb des Prozesses auch die Kommunikationstechnologien und -methoden. Für die Darstellung des Kommunikationsprozesses können Kommunikationsmodelle im Rahmen des Prozesses erstellt werden. Zum Einsatz können während des gesamten Projektes auch teambezogene Fähigkeiten und Sozialkompetenzen kommen. Für die Darstellung von Daten kann die Bewertungsmatrix für das Engagement der Stakeholder als Werkzeug genutzt werden. Auch Meetings stellen eine Methode für die Planung des Kommunikationsmanagements dar.[37]

Die erfolgreiche Durchführung der Fusion bedingte eine Kommunikationspolitik, welche sich sowohl an interne als auch externe Zielgruppen richtete. Um die kommunikationsrelevanten Anforderungen der im Stakeholderregister genannten Interessensgruppen zu erkennen, fand eine Analyse der Kommunikationsanforderungen statt. Tabelle 1 listet die Anforderungen der einzelnen Stakeholder sowie deren Rolle auf.

	Stakeholder	Rolle	Anforderungen
Intern	Geschäftsleitung	Führung und Orientierung	Annahme der Führungsrolle, Sicherung der Glaubwürdigkeit
Intern	Bereichs- und Abteilungsleitung	Vermittler der Fusion	Change- und Führungskompetenz
Intern	Mitarbeitende	Akteure, die die Fusion operativ umsetzen	Motivation und Einbindung in die Fusion
Extern	(Soziale) Medien	Kommentatoren, Multiplikatoren	Transparenz
Extern	Auftraggebende	Geschädigte	Vertrauen in Fortbestand von ABC erhalten, Ansprechpartner behalten
Extern	Konkurrenz	Beobachter, Benchmark, Begünstigter	Mögliche Angriffe vorwegnehmen
Extern	Behörden	Unterstützer und Kritiker zugleich	Sicherung von Steuereinnahmen

Tabelle 1: Rollen und kommunikationsrelevante Anforderungen der Stakeholder. Quelle: Eigene Darstellung.

---

[37] Vgl. Project Management Institute (2017, S. 369-376).

Jegliche Zielgruppen des Unternehmens mussten mit den Auswirkungen und Vorteilen der Fusion vertraut machen. Die Kommunikation während des gesamten Projektes musste deshalb einem gezielten Kommunikationsfluss entsprechen, um adressatengerecht, glaub- und vertrauenswürdig Informationen an die Mitarbeitenden herantragen zu können. Als Kommunikationsmethoden wurden die folgenden ausgewählt, welche in Tabelle 2 dargestellt sind.

	Stakeholder	Kommunikationsmethoden
Intern	Geschäftsleitung	– Meetings – Persönliche Gespräche – Informationsschreiben
	Bereichs- und Abteilungsleitung	– Führungstreffen – Persönliche Gespräche – Informationsschreiben für die Kommunikation mit Mitarbeitenden
	Mitarbeitende	– Betriebsversammlung – Persönliche Gespräche – Präsentationen, Videos, Informationsschreiben im Intranet
Extern	(Soziale) Medien	– Pressemitteilungen – Unternehmenswebseite – Aktiver Dialog auf Social-Media-Plattformen
	Auftraggebende	– E-Mail-Kampagne – Unternehmenswebseite – Informationsschreiben
	Behörden	– Informationsschreiben – Unternehmenswebseite

Tabelle 2: Adressatengerechte Kommunikationsmethoden.
Quelle: Eigene Darstellung, vgl. Gleißner et al., 2018, S. 22.

Die Vorteile, Sinnhaftigkeit und Ziele des geplanten Unternehmenszusammenschlusses wurden in erster Linie gegenüber den eigenen Mitarbeitenden kommuniziert, damit jene sich mit der baldigen Situation identifizieren konnten. Auf Offenheit wurde großen Wert gelegt. Der Fokus bei der Kommunikation gegenüber den Mitarbeitenden des Unternehmens ABC lag auf der direkten Kommunikation wie die Betriebsversammlung oder Gespräche. Dies ist darin begründet, dass bei einem Unternehmenszusammenschluss Emotionen und womöglich Beschäftigungsängste der Mitarbeitenden beteiligt sind und die direkte Kommunikation die Ernsthaftigkeit der Aussagen unterstreicht und die Möglichkeit geboten wird, Fragen zu stellen, Diskussionen zu führen und etwaige Missverständnisse zu beseitigen. Elektronische und schriftliche Mitteilungen wurden ergänzend genutzt. Die direkte Kommunikation wurde nochmals unterteilt. Die erste Kommunikation des bevorstehenden Projektes fand bei der jährlichen Betriebsversammlung gegenüber den Mitarbeitenden statt. Erst im Anschluss fanden in den einzelnen Projektphasen unter den Bereichs- und

Abteilungsleitungen Führungstreffen statt und persönliche Gespräche zwischen den Führungs-
kräften und den einzelnen Beschäftigten. Die Geschäftsleitung musste den Beschäftigten etwa bei
der Betriebsversammlung, aber auch mit persönlichen Videos, welche im Intranet veröffentlicht
wurden, Orientierung geben und das Ziel des Projektes verdeutlichen. Die Bereichs- und Abteilungsleitungen als Tragende der Veränderung mussten getroffene Entscheidungen verständlich machen
und vorleben sowie Informationen für die jeweiligen Mitarbeitenden interpretieren. Nach außen hin
musste nach Bekanntgabe des Vorhabens dafür gesorgt werden, dass bei der Kommunikation zu
erreichten Meilensteinen sowohl das Vertrauen aller Stakeholder in die erfolgreiche Umsetzung
gefestigt als auch Angriffe auf die Erfolgsaussichten des Prozesses abgewehrt werden konnten.
Auftraggebenden gegenüber musste kommuniziert werden, dass die Dienstleistung und der Support
auch während der Fusion und darüber hinaus in gewohnter Qualität geliefert werden kann. Auf
Anfragen seitens der Kundschaft mussten die Mitarbeitenden im Vertrieb vorbereitet werden, wozu
die Informationsschreiben dienten.[38]

Die Wahl der richtigen Kommunikationsmethoden je nach Phase eines Projektes spielte eine
besondere Rolle. Denn nicht bei jedem Inhaltspunkt des Projektes mussten mehrere oder alle
Kanäle bedient werden. Die Due-Diligence-Prüfung erfolgte bereits. Nach dieser Prüfung und vor
dem Signing mussten das Projektteam, die Geschäftsleitung sowie die Bereichs- und Abteilungsleitungen über persönliche Gespräche im Rahmen einer vertraulichen internen Kommunikation
informiert werden. In der Signing-Phase wurden anschließend alle Beschäftigte sowie die Öffentlichkeit informiert. Dies geschah innerhalb der externen Kommunikation über E-Mail-Kampagnen, das
Intranet in einer Videobotschaft der Geschäftsleitung, die Unternehmenswebseite sowie Pressemit-
teilungen. Aufgrund der Fusion und der damit einhergehenden neuen gemeinsamen Identität
wurden in der Closing-Phase alle Mitarbeitenden und die Öffentlichkeit über die neue Marke und das
Corporate Design informiert. In der PMI-Phase war die erfolgreiche Integration von einer offenen
und regelmäßigen Kommunikation abhängig, wodurch die Geschäftsleitung eine Vorbildfunktion
darstellte, Orientierung gab, Interessen der Mitarbeitenden einbezog und mögliche Bedenken
abbaute.[39]

2.3.3. Ausgangswerte

Der Prozess der Planung des Kommunikationsmanagements ermöglicht die Erstellung eines
Kommunikationsmanagementplans. Dieser stellt einen Teilplan des Projektmanagementplans dar,
weshalb an diesem auch Änderungen vorgenommen werden müssen. Zudem können Anpassungen
des Projektterminplans und Stakeholderregisters notwendig sein.[40] Im Folgenden wurde der
Kommunikationsmanagementplan beschrieben, welcher dem Projektmanagement einen Überblick
über die notwendige Kommunikation während der Projektlaufzeit bot.

---

[38] Vgl. Gleißner et al. (2018, S. 20-22).
[39] Vgl. Gleißner et al. (2018, S. 23).
[40] Vgl. Project Management Institute (2017, S. 377-378).

Der Kommunikationsmanagementplan liefert Informationen über die Planung, Strukturierung, Umsetzung und Überwachung der Projektkommunikation auf ihre Effektivität hin.[41] Die verwendeten Methoden der Analyse der Kommunikationsanforderungen und die Beschreibung der im Projekt verwendeten Kommunikationsmethoden führten zu dem in Tabelle 3 dargestellten Plan für das Kommunikationsmanagement.

Projektphase	Information	Methode	Empfänger
Vor Signing	ABC beabsichtigt den Kauf von XYZ	Persönliches Gespräch	Projektteam Geschäftsleitung Bereichs- und Abteilungsleitung
Signing	ABC und XYZ werden fusionieren	Betriebsversammlung Intranet	Mitarbeitende
		Unternehmenswebseite E-Mail-Kampagne Pressemitteilung	Medien Auftraggebende Behörden
Closing	Neue Marke und Corporate Design	Intranet	Mitarbeitende
		Unternehmenswebseite	Medien Auftraggebende
Post-Merger-Integration	Stand der Integration	2-wöchentliche Einträge im Intranet	Mitarbeitende
Über alle Phasen	Offene und regelmäßige Kommunikation	Gespräche durch Führungskraft	Mitarbeitende
		Führungstreffen	Bereichs- und Abteilungsleitung

Tabelle 3: Kommunikationsmanagementplan. Quelle: Eigene Darstellung.

---

[41] Vgl. Project Management Institute (2017, S. 377).

3.   Abschluss

Das Ziel des Projektes war die Durchführung des Mergers der Unternehmen ABC und XYZ. Dafür sollte der rechtliche Erwerb, die logische und technische Integration des Unternehmens XYZ in den Firmenverband, die Kommunikation gegenüber allen Stakeholdern sowie die Identifikation und Umsetzung aller Personaländerungen geplant werden. Hierfür wurde ein Projektteam aufgestellt, die Projektinhalte definiert und das Kommunikationsmanagement geplant. Diese Parameter zählen in die Zielerreichung mit ein.

Nach der Analyse der Eingangswerte Organisationskultur, Infrastruktur, Personalverwaltung und Marktbedingungen für die Definition des Projektinhalts und -umfangs, konnte anhand eines Fachurteils als Ausgangswert der Inhalt und Umfang des Projektes ermittelt und dargestellt werden. Zu den vier ausgemachten Phasen des Projektes wurden jeweils Inhalte genannt, die im Rahmen des Projektes erfüllt werden sollten. Auch dauerhafte Inhalte über alle Projektphasen hinweg wurden definiert. Diese Inhalte wurden im Rahmen des Projektes durchgeführt und somit der rechtliche Erwerb und die Integration des Unternehmens XYZ erfolgreich organisiert.

Die einzelnen Phasen trugen dazu bei, dass das Projektteam auch phasenorientiert geplant werden konnte. Mit der Planung des Ressourcenmanagements wurden zunächst die Organisations-strukturen betrachtet, um daraus abgeleitet ein Projektteam zu erstellen, welches allen Beteiligten zu erkennen gab, welche Rolle eingenommen werden sollte und welche Aufgaben dies mitbrachte. Im Rahmen des Projektberichts wurde jedoch keine Verbindung zwischen dem Projektbericht und den einzelnen Projektinhalten hergestellt. Dies muss in ähnlichen Projekten berücksichtigt und verbessert werden.

Die zwei vorangegangenen Prozesse dienten als Grundlage für die Planung des Kommunikations-managements. Hierzu wurden die Anforderungen und adressatengerechte Kommunikationsmetho-den definiert. Dies diente der Sicherstellung, dass durch die Bekanntgabe der Projektinhalte und dem Stand der Fusion alle Mitarbeitenden stets den Projektverlauf mitverfolgen konnten und nicht durch Unbekanntes überrascht worden sind.

Wichtig ist nun, dass die geplanten Projektinhalte von dem definierten Projektteam erfolgreich absolviert werden und die Integration des Unternehmens XYZ auf allen Ebenen erfolgreich verläuft. Auch muss dafür Sorge getragen werden, dass die Erfahrungen des Projektes aufgearbeitet und für ähnliche Projekte in der Zukunft als Leitlinie gelten.

Literaturverzeichnis

Deekeling, E. & Arndt, S. (2021). Change-Kommunikation in Unternehmen. In S. Einwiller, S. Sackmann & A. Zerfaß (Hrsg.), *Handbuch Mitarbeiterkommunikation: Interne Kommunikation in Unternehmen* (S. 545–563). Springer Fachmedien Wiesbaden.

Engelhardt, C. (2017). *Mergers & Acquisitions: Strategien, Abläufe und Begriffe im Unternehmenskauf.* Springer Fachmedien Wiesbaden.

Frank, S. (2018). Internationale Unternehmenskultur. In S. Frank (Hrsg.), *International Business To Go* (S. 1–13). Springer Fachmedien Wiesbaden. https://doi.org/10.1007/978-3-658-18776-7_1

Gleißner, W., Veltins, M. A., Lubk, C. & Mahl, L. (2018). Der Unternehmenskauf. In U. Blum, W. Gleißner, P. Nothnagel & M. A. Veltins (Hrsg.), *Vade Mecum für Unternehmenskäufe* (S. 11–28). Springer Fachmedien Wiesbaden.

Lucks, K. (2003). *Project Management for Mergers & Acquisitions* (Arbeitsberichte - Working Papers Heft Nr. 1). https://www.thi.de/fileadmin/daten/Working_Papers/thi_workingpaper_01_lucks.pdf

Meyding, T. & Meckbach, A. (2019). Deal-Management. In C. Schalast & L. Raettig (Hrsg.), *Edition Frankfurt School. Grundlagen des M&A-Geschäftes* (S. 87–104). Springer Fachmedien Wiesbaden.

Michalke, A. (2021). *Mitarbeiterführung.* Springer Fachmedien Wiesbaden.

PRITCHETT, L. P. (Hrsg.). (o. J.). *An Effective Mergers & Acquisitions Team Structure.* https://www.mergerintegration.com/effective-mergers-acquisitions-team-structure

Project Management Institute. (2017). *A Guide to the Project Management Body of Knowledge (PMBOK® Guide)—Sixth Ed. (GERMAN).* Project Management Institute. http://ebookcentral.proquest.com/lib/badhonnef/detail.action?docID=5301702

Redenius-Hövermann, J. (2019). Unternehmensrecht bei M&A-Transaktionen. In C. Schalast & L. Raettig (Hrsg.), *Edition Frankfurt School. Grundlagen des M&A-Geschäftes* (S. 321–381). Springer Fachmedien Wiesbaden.

Stephan Jansen (2019). Digitalisierung mal zwei: IT-Fallstricke bei M& A-Projekten. *wissensmanagement*(1), 30–31. https://www-wiso-net-de.pxz.iubh.de:8443/document/WIM__02bbbf1f01dca87d2e2f3e29f9e2a9feccde9078